Tecnica G.A.P.S.S. Senarega

Ansia da prestazione sportiva e scolastica: istruzioni per l'uso.

Copertina di Chiara Cogliano

Alle nostre mamme

"L'assenza della madre è importante quanto la sua presenza; il suo desiderio non può mai esaurire quello della donna; la sua cura resiste all'incuria assoluta del nostro tempo; la sua eredità non è quella della Legge, ma quella del sentimento della vita; il suo dono è quello del respiro; il suo volto è il primo volto del mondo" Recalcati M. "Le mani della madre"

Indice

PREFAZIONE

E' importante capire cosa ci propongono, ma è anche importante capire chi ce lo propone: così parlerò del metodo, ma anche di chi lo ha elaborato.

Daniela mi ha chiesto di partecipare a questo lavoro. Inizialmente mi aveva inserito come collaboratore per eccesso di senso partecipativo e inclusivo, termini e modi di fare così rari e sconosciuti al nostro tempo, dove è più comune accentrare ed escludere. L'ho dovuta convincere a inserirmi nella parte introduttiva, perché la tecnica è la sua e non la nostra, di nuovo modalità estranee al nostro tempo dove c'è chi fa suo anche quello che non è effettivamente di sua proprietà.

Questa è l'autrice che si muove in senso "onestamente e generosamente contrario" a come si muovono i più.

Questa è la persona che è stata presente nei momenti importanti e faticosi della mia vita, un 'adulto significativo' indispensabile per chi come me si è trovato ad affrontare sfide di crescita più grandi di lei. Ho incontrato in questo percorso tortuoso chi è riuscita a riportare tutto alla mia 'altezza' e possibilità di bambina prima e di adolescente poi.

La parte introduttiva che curo in questo libro è il mio modo di dirle grazie per essere stata e per essere con me in questa vita, che oggi posso dire serena e appagante.

Ho trovato la tecnica inizialmente un'ottima intuizione e poi una più completa elaborazione per affrontare i compiti e le prove che si presentano nel nostro cammino di vita.

Possiamo affrontare fasi, momenti e compiti complessi attraverso un percorso personale che può modificare il nostro modo di pensare, rafforzare la nostra autostima e aiutare a riconoscere le nostre emozioni. Possiamo però, anche sperimentare un metodo che permettendoci di superare fasi, momenti e compiti complessi produce un cambiamento positivo nella fiducia in sé, nel modo di guardare le situazioni e di incontrare il nostro mondo emozionale.

Loredana Nassi

Dottoressa LN psicologa psicoterapeuta

INTRODUZIONE

L'ansia è una manifestazione che tutti possono sperimentare nel corso della vita anche come reazione a sollecitazioni esterne più o meno forti (un esame, un colloquio di lavoro, una gara sportiva, l'attesa di una notizia importante, la possibile perdita di un lavoro, ecc.). Di fronte a situazioni o avvenimenti che coinvolgono a livello emotivo o dal risultato incerto è umano provare apprensione; queste percezioni non sono sempre negative, a volte forniscono la forza per riuscire a superare la prova.

Quando ci si trova davanti a un'ansia immotivata, si cerca di spiegarla, ma soprattutto di limitarla e costringerla, anche negandola. Quando il malessere, la confusione si avvicina, si cerca subito di dargli un ordine, di curarli, per farli scomparire nel tempo più breve possibile. Si cerca, generalmente, un motivo alla base di quelle sensazioni spiacevoli e inoltre s'individua come causa di essa un evento, o una persona, o una situazione accaduta o, al limite, in noi stessi, in una nostra carenza. Coloro che soffrono di ansia, paure e così via sono in un periodo particolare di vita: in parte sono attaccati a un ordine molto rigido della propria vita; in parte lo spirito, da dentro, cerca di "mettere in disordine l'ordine" attraverso il caos.

"Quest'ultimo svolge quindi una funzione positiva: i disagi interiori nascono perché abbiamo perso la strada e vogliono spingerci a rimetterci in gioco; se li ascoltiamo se ne andranno."[1]

Se gli eventi ansiosi sono spiacevoli, ma tutto sommato sopportabili, occasionali e limitati nel tempo, non ci si deve mettere in apprensione: non si è di fronte a un disturbo d'ansia, ma a reazioni psicofisiche del tutto fisiologiche. Di contro, quando diventano intensi e continui da interferire con la vita quotidiana è importante rivolgersi a un medico e iniziare una terapia specifica. L'ansia si avverte a livello fisico. Ogni persona avrà una sensazione in parti diverse del corpo, secondo la sua predisposizione costituzionale: lo stomaco, l'intestino, il cuore, la testa, una sensazione diffusa del malessere senza accentuazioni precise in nessun organo. Ci sono persone che non si rendono conto di avere ansia, ma nella pratica ne subiscono gli effetti, ad esempio non si sentono in ansia, però dimenticano tutto all'esame, naturalmente a livello di tecniche di gestione dell'ansia questa situazione di negazione è la più difficile su cui intervenire.

---

[1] Morelli R., "*Vincere i disagi. Come affrontare ansia, stress e panico.*" Riza, Milano, 2014

Esistono anche ansie connesse a determinate situazioni come l'ansia da prestazione scolastica quando i sintomi provocano risultati inferiori o nulli rispetto allo studio eseguito e quella sportiva in cui è tipica la situazione dell'atleta che rende moltissimo in allenamento e, sotto stress, la sua prestazione cala moltissimo. Entrambe saranno trattate in questo testo soprattutto per quanto riguarda la loro gestione. (Tecnica G.A.P.S.S. Senarega)

CAPITOLO 1

L'ansia

Di regola tutto ciò che non si vede, disturba la mente degli uomini assai più profondamente di ciò che essi vedono

(Giulio Cesare)

1. Che cosa è l'ansia

L'ansia è fondamentalmente un'emozione naturale che ha la finalità di far conoscere all'uomo ciò che lo circonda affinché trovi le migliori forme di adattamento al mondo.

L'ansia come la paura è la reazione a una minaccia, ma mentre la paura è una reazione nei confronti di una minaccia reale, l'ansia è una reazione a una situazione avvertita/ percepita come pericolosa.

L'ansia fa parte della natura umana, è uno stato emotivo che denota un senso soggettivo di disagio/apprensione (preoccupazione), di cui tutti facciamo esperienza, seppure in misura e con frequenza variabile.

E' una reazione immediata e difensiva; possiamo pensarla come un sistema di allarme, che contribuisce ad attivare e allertare l'individuo quando si trova in situazioni di pericolo.

In tal caso, essa non è da considerarsi una reazione emotiva anomala, ma piuttosto un sistema funzionale alla vita, ovvero permette un miglioramento delle prestazioni o l'evitamento di situazioni pericolose.

L'ansia - segnale ha, quindi un valore adattivo e funzionale, protegge da rischi e pericoli.

Ancora preoccuparsi di ciò che accadrà in futuro, può portare a un pensiero altamente creativo; la soluzione dei problemi sono spesso il prodotto di un'inquietudine; a un atteggiamento ansiogeno possono essere associati salutari dubbi su se stessi. Anche l'ansia-apprensione/preoccupazione ha un valore adattivo e funzionale, stimola la crescita personale e permette il superamento di situazioni problematiche.

E ancora favorisce la concentrazione e il miglioramento delle prestazioni; l'ansia è l'emozione che generalmente si presenta prima di un esame e ottimizza la prestazione consentendo buoni livelli di attenzione e concentrazione sul compito.

Quando:

quel segnale viene sopravvalutato rispetto alla sua pericolosità, quel problema/ apprensione sembra inaffrontabile, quell'ansia di fronte al compito cresce in modo eccessivo, l'ansia crea un disagio, la reazione al segnale diventa esagerata, l'apprensione disfunzionale, non consentendo alla persona di affrontare quel compito, ma, anzi, impedendone lo svolgimento; in queste situazioni è necessario concedersi spazi di ascolto personale. Allora quando l'ansia limita le dimensioni personali, sociali, lavorative o scolastiche è fondamentale delineare un tempo per sé nel quale affrontare la problematicità.

Questo testo vuole proporre uno spazio possibile per affrontare l'ansia legata a specifiche situazioni.

2. Come si manifesta l'ansia

A livello Cognitivo l'ansia si manifesta con una sopravvalutazione del livello di pericolosità di una certa situazione, e contemporaneamente una sottovalutazione della propria capacità di farvi fronte e di gestirla.

A livello Fisiologico gli individui rispondono agli stimoli in modo ansiogeno presentano queste risposte a livello fisico: tachicardia, iperventilazione, tensione muscolare, sudorazione. Inoltre, si possono presentare fra le manifestazione fisiche dell'ansia: le vertigini, la nausea, l'emicrania, i tremori e i disturbi visivi.

A livello Comportamentale l'ansia si presenta attraverso comportamenti di evitamento della situazione che viene percepita come pericolosa. Quando un comportamento non può essere evitato l'individuo mette in atto strategie disfunzionali per cercare di proteggersi dai pericoli (ad esempio farsi accompagnare da qualcuno). Compaiono inoltre atteggiamenti che sono indicativi di uno stato di fragilità emotiva come la tensione, il nervosismo e l'irrequietezza motoria.

3. Tipi di Ansia

L'ansia di stato è uno stato transitorio emozionale caratterizzata da sentimenti soggettivi percepiti a livello cosciente di tensione e apprensione, è caratterizzata dall'aumentata attività del sistema nervoso autonomo. Può variare e fluttuare nel tempo.

L'ansia di tratto si riferisce a differenze individuali relativamente stabili, nella disposizione verso l'ansia, cioè a differenze tra le persone nella tendenza a rispondere con elevazioni dell'intensità dell'ansia di stato a situazioni percepite come minacciose.[2]

4. Un Cenno Clinico: classificazione dell'ansia e DSM-5

Gli sviluppi nell'ambito delle neuroscienze, della nosologia, dell'epidemiologia e della psicobiologia hanno permesso, negli ultimi anni, un notevole progresso nella comprensione dei disturbi d'ansia. Recentemente, nel maggio 2013, l'Associazione Psichiatrica Americana (APA) è giunta, dopo molti anni di ricerca, alla pubblicazione dell'ultima edizione del Manuale Diagnostico e Statistico dei disturbi mentali (DSM V). I disturbi d'ansia classificati nel DSM-5 sono:

---

[2] Spielberger, C. D." *State-Trait Anxiety Inventory: Bibliography* (2nd ed.)" Palo Alto, CA: Consulting Psychologists Press, 1989

●Disturbo d'ansia da separazione

Paura eccessiva e inappropriata rispetto allo stadio di sviluppo che riguarda la separazione da coloro ai quali l'individuo è attaccato, la paura e l'ansia sono persistenti. Il disturbo compromette il funzionamento della persona in aree importanti (vita sociale, lavorativa).

●Mutismo selettivo

Costante incapacità di parlare in situazioni specifiche nella quali ci si aspetta si parli (es. scuola) nonostante si sia in grado di parlare in altre situazioni.

●Fobia Specifica

La paura marcata, persistente ed eccessiva provocata dall'attesa o dalla presenza di un oggetto o situazioni specifiche (es. paura di volare, paura degli animali...). La diagnosi di fobia specifica può essere formulata quando l'evitamento interferisce in modo significativo con il funzionamento sociale, lavorativo, scolastico dell'individuo.

●Disturbo d'ansia sociale

Paura persistente di una o più situazioni sociali o di performance in cui la persona teme di comportarsi o di mostrare sintomi di ansia in modo imbarazzante o umiliante;

l'esposizione a queste situazioni genera ansia e la stessa è vissuta come irragionevole ed eccessiva, le situazione temute sono evitate o vissute con disagio.

●Disturbo di panico

Un attacco di panico si presenta come un periodo di intensa paura o disagio durante il quale, quattro o più dei seguenti sintomi si manifestano in un escalation di dieci minuti, (palpitazione, tachicardia, tremori, sudorazione, sensazione di soffocamento, sensazione di asfissia, dolore al petto, nausea sensazione di sbandamento, svenimento, derealizzazione (sensazione di irrealtà), depersonalizzazione (sensazione di essere distaccati da se stessi), paura di perdere il controllo e impazzire, parestesie (torpore, formicolio), brividi o vampate di calore. Per parlare di disturbo sono presenti attacchi di panico inaspettati e ricorrenti, preoccupazione del ripresentarsi dell'attacco, preoccupazioni a proposito delle implicazioni dell'attacco e delle sue conseguenze, significativa alterazione del comportamento correlata agli attacchi.

●Agorafobia

Paura intensa o ansia in due o più delle seguenti situazioni: spazi pubblici (autobus, treni, aerei); spazi chiusi (negozi, cinema); stare nella folla, essere fuori casa da soli. L'agorafobia emerge quando l'individuo comincia a evitare le situazioni e i luoghi ansiogeni, questi comportamenti di **evitamento agorafobico** possono compromettere il funzionamento socio-lavorativo della persona. La persona agorafobica evita in modo assoluto le situazioni temute oppure esperisce tali situazioni con l'insorgenza di ansia elevata

●Disturbo d'ansia generalizzato

Sintomi di ansia generalizzati e persistenti indotti dalla preoccupazione; la preoccupazione è eccessiva rispetto all'evento temuto, e inoltre pervasiva e difficile da controllare per il soggetto. I contenuti delle preoccupazioni si estendono a diverse aree (famiglia, denaro, salute, lavoro).

Rientrano nei disturbi d'ansia secondo il DSM 5 anche il disturbo d'ansia da condizione medica; altro disturbo d'ansia specifico; disturbo d'ansia non altrimenti specificato. Il Disturbo ossessivo-compulsivo e i disturbi stress correlati (disturbo post-traumatico da stress e disturbo da stress acuto), che nel DSM-IV-TR rientravano nel gruppo dei Disturbi d'ansia, in questa nuova versione del DSM sono classificati all'interno di altre sezioni.

5. Come si cura l'ansia

5.1 I Farmaci

La terapia farmacologica deve essere prescritta dallo psichiatra, spesso viene usata unitamente con la psicoterapia anche perché permette un controllo dei sintomi dell'ansia e favorisce, nella persona, una maggiore predisposizione verso l'intervento psicoterapeutico. La collaborazione tra psicoterapeuta e psichiatra in questi casi rappresenta di certo, come si evince dalla letteratura, il miglior approccio ai disturbi d'ansia.

Nell'utilizzare i farmaci è molto importante attenersi scrupolosamente alle indicazioni dello specialista ed evitare di apportare modifiche e interruzioni senza aver sentito il suo parere, al fine sia di favorire gli effetti positivi degli stessi che di ridurre l'insorgere di effetti collaterali.

5.2. La psicoterapia

Esistono diversi approcci psicoterapeutici ai disturbi d'ansia, che fanno capo a diverse scuole di pensiero. Ritengo in base al mio approccio psicodinamico che ciò che cura sia la relazione terapeutica cioè la relazione unica e irripetibile che s'instaura tra il terapeuta e il paziente. E' la possibilità di creare un'alleanza terapeutica iniziale che consente a questa relazione di essere una relazione che cura e ripara. E' comunque necessario aggiungere che per alcuni tipi di sofferenza e disturbi ci sono approcci terapeutici che si sono rilevati maggiormente rispondenti ad esempio per un paziente al quale si fa diagnosi di disturbo ossessivo compulsivo è positivo valutare una terapia cognitivo comportamentale. In generale l'intervento psicoterapeutico per i disturbi d'ansia si realizza attraverso una serie di colloqui finalizzati a contrastare le modalità psicologiche attraverso cui s'instaura e si mantiene la patologia. In tutti gli approcci psicoterapeutici l'obiettivo è quello di aiutare la persona a ritrovare un proprio equilibrio, adattandosi al contesto in modo più funzionale. Condividere con il terapeuta, cioè affrontare le proprie ansie e paure con qualcuno che possa aiutare a comprenderle, è un aspetto saliente in tutti gli approcci psicoterapeutici all'ansia. Condividere, ovvero 'dividere con', ha come effetto immediato e rilevante il sentirsi meno soli e strani.

Il terapeuta può sostenere la persona a vedere il problema da una prospettiva diversa, può essere un momento centrale nel percorso verso la guarigione. Le psicoterapie possibili sono di diverso tipo.

Riporto brevemente le tecniche d'intervento di due Scuole di Psicoterapia per cercare di capirne il funzionamento, a titolo di esempio:

a. La Psicanalisi

b. La Psicoterapia cognitivo-comportamentale

a. **La psicoanalisi.**

Si basa sull'idea che la personalità umana è composta di pensieri consci e pensieri inconsci. L'esistenza dell'inconscio è deducibile sia da perturbazioni della coscienza non altrimenti spiegate, sia dalla semplice prova di esistenza di dati psichici quali sogni, lapsus, visioni, deliri e appunto sintomi che segnalano, nella loro apparente irrazionalità, che i nessi causali stabiliti dalla coscienza ordinaria non esauriscono le spiegazioni possibili.

Per capire i fenomeni psichici occorre allora spiegare il sottofondo della cognizione che è l'emozione, il sottofondo della coscienza individuale che sono i patterns emotivi (le risposte emotive) universali e i sistemi simbolici che l'umanità, nelle sue differenti culture, ha creato per rappresentarli. Relativamente ai disturbi d'ansia, Freud afferma che l'individuo sperimenta l'ansia nel momento in cui le sue motivazioni inconsce (aggressive ed erotiche) entrano in conflitto con le istanze morali rappresentate dal super-io. Nella sua interpretazione, un individuo entra in ansia quando scopre di avere desideri o di alimentare conflitti che le sue figure di riferimento (padre, madre, famiglia, precetti morali interiorizzati) condannerebbero. L'ansia (e di seguito ogni sintomo derivato) segnala il pericolo di una condanna morale, quindi anticipa o sostituisce il senso di colpa. La terapia psicoanalitica agisce in modo da risolvere quel conflitto inconscio che l'individuo manifesta come ansia.

b. La Psicoterapia cognitivo-comportamentale.

L'obiettivo che si pone il terapeuta cognitivo-comportamentale è quello di diminuire il comportamento di evitamento e sostenere il paziente nello sviluppo di abilità di *coping* (fronteggiare le situazioni).

Questo può comportare:

- Mettere in discussione credenze false o auto-lesionistiche;

- Implementare l'abilità di parlare a se stessi in modo positivo (self-talk positivo);

- Promuovere la sostituzione di pensieri negativi;

- Desensibilizzazione sistematica (esposizione graduale allo stimolo ansiogeno);

- Fornire informazioni e conoscenze che aiutano il paziente a rispondere meglio alle situazioni (per esempio se qualcuno soffre di attacchi di panico, sarà importante dire alla persona che le palpitazioni in se stesse, anche se rapide e prolungate sono del tutto innocue);

La terapia cognitiva-comportamentale osserva i comportamenti visibili che la persona mette in atto, cercando di risalire ai pensieri che li hanno prodotti, al fine di sostituire quei pensieri disfunzionali, con schemi logici meno carichi di emotività. Alcuni indirizzi di terapia cognitivo comportamentale prevedono che il paziente svolga alcuni compiti "a casa".

5.3 Affrontare l'ansia: una proposta (tecnica G.A.P.S.S. Senarega)

Questo testo vuole proporre un metodo di gestione dell'ansia in particolare dell'ansia che si presenta in particolari situazioni o fasi di vita nella quali ci troviamo di fronte a prove scolastiche e sportive per quali viviamo un'ansia eccessiva, l'ansia da prestazione, che invece di favorire il superamento della stessa ne impedisce la realizzazione o la rende comunque più difficoltosa.

CAPITOLO 2

Ansia da prestazione

Come già accennato nel precedente capitolo quando l'ansia 'fisiologica', cioè l'emozione naturale che sorge prima di un esame e permette il raggiungimento del livello ottimale che garantisce la concentrazione e la focalizzazione dell'attenzione sul compito, supera il livello ottimale e risulta eccessiva, diventa ansia da prestazione e determina una dispersione di energia e un calo del rendimento.

L'ansia da prestazione colpisce maggiormente coloro che sono fortemente concentrati sul risultato, talvolta a questo si somma un sé eccessivamente critico ed esigente, queste persone non si accontentano del buon risultato, ma mirano alla perfezione. Questo tipo di atteggiamento può mettere il soggetto in una condizione di pressione tale da condizionare negativamente il rendimento. Le persone che hanno un "Sii perfetto" (come riporta la scuola di psicologia analitico transazionale) come 'spinta interna' difficilmente si convincono ad abbassare le loro pretese di grandezza e perfezione, fino a quando gli eventi possono metterle di fronte al fallimento.I contesti dove è più frequente vivere la cosiddetta ansia da prestazione sono quello scolastico (paura d'interrogazioni o esami), quello sportivo (la pressione aumenta con la posta in gioco) e la sfera relazionale e sessuale in modo particolare.

L'ansia da prestazione coinvolge quelle persone che sono molte severe e pretendono molto da sé. Può essere legata a una scarsa autostima e alla paura di non essere all'altezza di raggiungere determinati risultati. Quindi l'ansia da prestazione è molto diffusa e si può presentare in diversi momenti della vita e influenzare varie sfere della vita come la scuola, gli esami, i rapporti sessuali, le prestazioni sportive. L'individuo ha un'ideale di perfezione che deve essere rispettato, il risultato di ciascuna prova è percepito in relazione al giudizio dell'altro che dovrà essere completamente positivo.

La persona ha generalmente una visione rigida per la quale basterà un solo errore per far cadere completamente la sua autostima.

Alcune forme di ansia da prestazione:

L'ansia da prestazione sessuale colpisce sia il mondo maschile sia il mondo femminile; in questi casi l'uomo e/o la donna temono di deludere l'altro e di non essere all'altezza. L'esperienza sessuale perde di spontaneità e naturalezza, conseguentemente ci può essere un calo del desiderio o difficoltà nel raggiungere l'apice del piacere sessuale. La sessualità sarà allora vissuta con tensione e caricata di timori e paure.

Col tempo lo stato d'ansia potrebbe pesantemente inficiare sia il rapporto di coppia nonché il modo di percepire il partner.

L'ansia da prestazione lavorativa può presentarsi con una condizione per la quale il soggetto non è in grado di espletare in modo adeguato le mansioni e i compiti che la situazione lavorativa richiede. In questi casi il soggetto teme di non essere all'altezza né del compito e/o teme il giudizio negativo dei colleghi e del datore di lavoro. Nei casi più gravi il soggetto viene sopraffatto da paura e ansia con il rischio di abbandonare il lavoro. E' necessario trattare in modo adeguato questi ambiti, in quanto, nelle situazioni estreme, ci possono essere ripercussioni gravi sulla vita economica e sociale della persona.

L'ansia da prestazione relazionale consiste nella spinta di essere accettati, riconosciuti, stimati e ricercati dagli altri. La paura che si può celare dietro questa tendenza è quella di non essere all'altezza e/o di essere criticati dagli altri. Il riconoscimento sociale sembra in queste persone necessario e indispensabile per mantenere sufficienti   livelli di autostima. Questi soggetti tendono talvolta ad essere molto adattati e compiacenti nei confronti degli altri.

L'ansia da prestazione scolastica e sportiva

In questo testo approfondiremo entrambe. In tutte e due si ha un atteggiamento di non accettazione e si tende a sperare che passino o si dice a se stessi "Devo essere calmo!". Ciò fa aumentare ancora di più l'ansia perché, in questo modo, si aggiunge "l'ansia dell'ansia" personalmente la chiamo "ansia al quadrato" per trasmettere che ne basta una e, in una prestazione, dobbiamo occuparci di quella naturale senza averne paura, bensì usandola.

A. Ansia da prestazione scolastica

L'ansia da prestazione scolastica, può insorgere in seguito al bisogno di dimostrare a un genitore di essere bravo, alla paura di non essere all'altezza o ancora alla paura di sfigurare nei confronti dell'insegnante o dei compagni e consiste nel rendere meno, rispetto allo studio proprio a causa dei sintomi dell'ansia.

Essa è associata a insonnia, suscettibilità, tensione e disturbi ulteriori che si evidenziano maggiormente con l'avvicinarsi dell'esame/interrogazione/verifica.

Gli effetti saranno: paura di essere valutati per le proprie capacità (causa ed effetto), disordine, vuoto mentale. Il risultato finale, di conseguenza, sarà pregiudicato. In questi casi l'autostima dipende da un'approvazione esterna. Un caso simile si ha nell'ambito sportivo, come vedremo di seguito, dove a seconda della performance e del riconoscimento esterno, l'esperienza sarà vissuta in termini di maggior consenso-incremento dell'autostima o dissenso-diminuzione di autostima arrivando anche al paradosso della paura di ripetere la vittoria per non deludere le aspettative degli altri siano essi i genitori, l'allenatore, i compagni o il pubblico.

"L'ansia scolastica nasce dal normale desiderio di essere amati e ammirati e dalla paura di essere rifiutati e ridicolizzati. Essa racchiude la paura dell'insuccesso, del giudizio negativo, il timore di non essere capaci di superare la prova che si deve affrontare"[3], ma implica anche una ricerca di perfezionismo, un non sentirsi mai pronti. Tra i sintomi più manifesti sono: frequenti mal di testa, mal di stomaco, vomito, febbre.

---

[3] Kendall P., Di Pietro M. *"Terapia scolastica dell'ansia. Guida per psicologi e insegnanti"* ,Erikson, Trento, 2003

A livello di comportamento si riscontrano tremori, pianti, quasi crisi di panico al momento di andare a scuola. Non bisogna trascurare questo tipo di ansia, perché si potrebbe creare una spirale in cui la tensione si aggiunge a una cattiva prestazione che aumenta, di fatto, l'ansia successiva nel dover affrontare un compito.

Il bambino/adolescente, di fronte a un insuccesso scolastico, inizia a credere di non essere abbastanza intelligente e accresce così il suo senso di sfiducia personale.

Si sente inadeguato e potrebbe passare a reazioni d'isolamento.

Spesso i bambini/adolescenti sono assaliti da improvvisi malori in coincidenza di un maggior impegno scolastico o di una prova (verifica o interrogazione). Una volta rimasti o tornati a casa, iniziano a giocare e saltare come se niente fosse e agli adolescenti passano tutti i malesseri. Questi atteggiamenti non sono finzioni, ma spesso sono esempio di un disturbo psicosomatico in quanto le emozioni negative dell'ansia si scaricano "trasferendosi" su un organo o un apparato.

I soggetti siano essi bambini o adulti evidenziano questo disturbo in modo confuso: sparisce e poi ritorna, a volte è più lieve a volte più forte. Solo pochissime volte comunque è dovuto a cause organiche; spesso si tratta di mal di testa dovuti a tensione, così come i vari malesseri fisici sono legati a disagi che si vive nell'ambiente attorno a sé, in particolare quello scolastico.

B. Ansia da prestazione sportiva

Nell'ambito sportivo come in quello scolastico a seconda della prestazione e del riconoscimento esterno, come abbiamo già scritto, l'esperienza potrà essere vissuta come incremento dell'autostima nel caso di accettazione e lode dell'atleta o decremento dell'autostima nel caso di risultato non ottenuto.

"Lo stress e l'ansia sono il pericolo peggiore per l'atleta, il suo avversario più temibile e imprevedibile. Ogni gara è come un esame, un atleta troppo ansioso non sarà mai un grande campione".[4]

---

[4] Antonelli F., Salvini A., *"Psicologia dello sport"*, Lombardo, Roma, 1977

Sono abbastanza frequenti situazioni di molti atleti che danno il meglio in allenamento e non riescono a mantenere lo stesso livello in gara. Cosi come altrettanto capita l'atleta che vince appunto, perché pensa di non poter vincere e non ha niente da perdere.

In gara possono subentrare altri motivi che possono far crescere la soglia ansiogena, uno dei più frequenti è la paura di fare brutta figura di fronte ai propri compagni, al pubblico o agli altri atleti. Inoltre può nascere la preoccupazione nelle competizioni lunghe di non riuscire a portare a termine la gara o il dubbio di non essere in grado di raggiungere l'obiettivo che ci si era prefissati alla partenza buttando al vento duri mesi di allenamento.

Un livello di attivazione nei giusti limiti prima di una gara è anche auspicabile per avere l'energia essenziale da impiegare durante la prestazione.

Per l'atleta è importante avere un livello di ansia tollerabile, ciò lo fa rendere molto meglio nella prestazione.

In psicologia dello sport si parla, infatti di "livello di attivazione (arousal) che genera energia e concentrazione, un basso livello di attivazione porta a minore capacità di concentrazione tuttavia un alto grado di arousal, a seconda della nostra capacità di gestirla, potrebbe negarci la possibilità di ottenere obiettivi che ci siamo prefissati."[5]

Molti atleti, si sono trovati a dover gestire l'ansia da prestazione sportiva. Si può provare una percezione leggermente fastidiosa che scompare con l'inizio della gara, altri percepiscono forti sensazioni che scompaiono a metà gara, altri ancora li provano per tutta la prestazione, altri ancora accusano veri e propri attacchi di panico. L'ansia va indirizzata, non avversata. Non bisogna considerarla un nemico da combattere, ma nei giusti livelli pensarla come un alleato. L'ansia è un'emozione che è propria di ogni essere umano.

---

[5] Cei A., "*Psicologia dello sport*", Il Mulino, Bologna, 1998

Nello sport, si può provare ansia per tanti motivi diversi.

B.1 *"Le tipologie di ansia nello sport*

- Ansia da prestazione sportiva

- Ansia di non essere all'altezza

- Ansia di gareggiare davanti ad un pubblico (il numero è solo una percezione)

- Ansia di non riuscire a ripetersi (dopo un ottimo risultato)

- Paura di vincere

- Paura di perdere..."[6]

Ovviamente ne sussistono molte altre più specifiche per sport e per caratteristiche personali. Le precedenti sono le varietà più comuni. Ognuna di esse comporta una sorta di "protezione" verso una situazione dolorosa. Ad esempio, l'ansia da prestazione può portare a non far competere per evitare di non ottenere il risultato sperato.

---

6 Ibidem

O ancora, ad esempio, l'ansia di non riuscire a ripetere il buon risultato protegge dal dolore di dover accettare di ritornare qualche passo indietro.

La reazione principale, in relazione alla forza dell'emozione, è il bisogno di scappare, di evitare la sfida, di abbandonare. Bisogna invece affrontarla.

Naturalmente l'ansia da prestazione sportiva, se non gestita, può provocare problemi nel grado di efficienza dell'atleta. Durante gli allenamenti gli atleti si sentono a posto con se stessi, ma nella competizione, sentono il disagio della gara, del successo da raggiungere, del pubblico che li osserva e del fatto che in una gara si deve ottenere il massimo. Se l'atleta non riesce a superare e gestire tutti questi elementi di stress quasi sicuramente non riuscirà a rendere al meglio. Per questo diventa così importante imparare a gestire queste situazioni.

Un'ottima tattica da impiegare è quella di mutare idealmente lo stress in un complice e non vederlo come un avversario, infatti in misure giuste, può portare a dare la spinta e la concentrazione per sostenere al meglio la situazione.

B.2 Sintomi

In relazione a dove si colloca l'ansia può manifestarsi in due modi:

- Ansia a livello somatico;

- Ansia a livello cognitivo.

Nel primo caso, lo stato d'ansia si rivela con segnali corporei come battito del cuore accelerato, sudorazione, debolezza o irrigidimento muscolare, dispnea, ecc. Generalmente l'ansia a livello somatico si manifesta all'inizio della competizione, ma diminuisce nel giro di qualche minuto, dissolvendosi naturalmente.

L'ansia a livello cognitivo è invece connessa alla modalità dei pensieri che si hanno riguardo alla prestazione. Essa segue tutta la gara, vincolando l'approccio in negativo o in positivo. L'ansia cognitiva è collegata, in misura maggiore, ad una prestazione inferiore alle proprie potenzialità. Essa si mostra come pensieri, immagini che persuadono l'atleta a vivere con scarsa autostima e scarso senso di auto-efficacia la competizione.

Per questo è molto importante riconoscere il proprio livello ottimale di attivazione in modo da permettere di approcciarsi alla gara con equilibrio, allontanando il rischio di stress.

Nell'ansia da prestazione sportiva i sintomi sono in maggior misura legati al corpo: nausea, tremori, tachicardia e passano non appena finita la gara.

L'ansia porta con sé una serie di reazioni fisiche macroscopiche come: respirazione superficiale e periferica molto veloce, innalzamento innaturale dei battiti cardiaci, leggera curvatura del corpo (come a proteggerci). E ancora stato di allerta e postura pronta alla fuga, aumento della sudorazione, anche in assenza di movimento fisico o temperature troppo elevate, sensazione di pesantezza alla bocca dello stomaco, voglia di piangere (a volte), arti molto pesanti (a volte), allucinazioni (a volte). Biondi e Pancheri, nel 1984, hanno documentato inequivocabilmente le principali modificazioni nell'essere umano, a carico del sistema nervoso simpatico, dovute a un prolungato stress. Queste interessano il sistema muscolare scheletrico, il sistema neurovegetativo, il sistema neuroendocrino, il sistema immunitario.

"Come conseguenza l'ansia può creare delle alterazioni fisiologiche quali: aumento della tensione muscolare generale e/o distrettuale; aumento della frequenza cardiaca; possibili aritmie; aumento della pressione arteriosa sistolica; aumento della frequenza e irregolarità respiratorie; aumento del consumo di ossigeno; aumento della sudorazione;

diminuzione della temperatura cutanea; vasocostrizione periferica; modifica della secrezione e motilità gastrointestinale; dilatazione pupillare; aumento dei riflessi osteo-tendinei; aumento dei livelli di adrenalina e noradrenalina; aumento dell'ormone GH somatotropo; aumento dei livelli ormonali di ACTH e di cortisolo; aumento della prolattina; aumento di ormoni tiroidei."[7]

Di solito l'atleta non identifica l'ansia che lo investe in gara come paura di perdere o di vincere. Molti autori (Biondi, Pancheri, Cei, Tamorri) hanno analizzato come l'ansia nello sport possa portare ad un calo della performance a causa di un prematuro esaurimento delle energie fisiche e mentali, con conseguente inevitabile danno per l'atleta. "Attraverso sintomi fisici, che sono in realtà normali sintomi psicosomatici dell'ansia, si possono avere, ad esempio: disturbi gastrici o intestinali acuti cronici, cefalea da tensione, emicrania, palpitazioni, battito cardiaco accelerato e, talvolta, aritmie"[8] che non fanno certamente bene all'atleta.

---

[7] Biondi M., Pancheri P.; "*Mind and immunity, a review of metodology of human research*", in Fava G.A., Wise T. (eds), "*Research paradigms in psychosomatic Medicine*", Karger 1987

[8] Biondi M.; "*Mente, cervello e sistema immunitario*", McGraw-Hill 1997

B.3 Come intervenire

Con tutti i sintomi sfavorevoli appena elencati com'è possibile considerare l'ansia da prestazione una risorsa anziché un fattore negativo?

Varie tecniche, dal mental training alle visualizzazioni, dal rilassamento al porsi degli obiettivi aiutano gli atleti nell'affrontare l'ansia.

Si trovano vari programmi di mental training che hanno l'obiettivo di riportare a un livello ottimale quelle sensazioni, percezioni e pensieri che a volte vengono intesi come segni negativi che provocano uno stato ansioso.

Esistono due ordini di tecniche di rilassamento per la gestione dell'ansia:

1. tecniche che partono dai muscoli per arrivare al cervello (rilassamento progressivo di Jacobson, yoga, ecc.);

2. tecniche che si sviluppano attivandosi dal cervello per giungere al sistema periferico, i muscoli (training autogeno, visualizzazioni, mindfulness, ecc.).

Tali metodiche migliorano la manifestazione di risposte distensive in condizioni in cui si percepisce un crescente livello di ansia pre-agonistica.

In ogni programma si deve partire dalle caratteristiche di personalità. Bisogna analizzare quali pensieri sono legati all'ansia, quali sintomi sono presenti, la sua correlazione tra ansia somatica e ansia cognitiva, la sua storia quali capacità psicologiche e fisiche possiede l'atleta. Tutti fattori che si collocano nella definizione del programma di azione ottimale per l'atleta, nel rispetto delle sue specificità.

Nel caso della tecnica G.A.P.S.S. Senarega, invece, si parte dal sintomo ansiogeno negativo, si trasforma in energia positiva per arrivare alla parte del corpo maggiormente interessata alla prestazione. Proprio perché si parte dal sintomo, soprattutto nell'ansia da prestazione sportiva, l'intervento varia a seconda del tipo di prestazione e non dipende dal tipo di ansia.

CAPITOLO 3

La Tecnica G.A.P.S.S Senarega

Introduzione

Come abbiamo appena scritto questa metodica parte dal sintomo per distribuirsi alla parte che è più utile al miglioramento della prestazione sia essa scolastica sia sportiva. Si basa sull'utilizzo delle tecniche della psicologia cognitivo-comportamentale. In questo ambito si usa la tecnica di esposizione e prevenzione della risposta, ma anche quelle di imagineering, sospensione dei pensieri, imitazione di modelli, visualizzazione. Questa tecnica non è adatta per l'ansia in generale in quanto su quella conviene lavorare più a fondo con una buona psicoterapia. Potremmo definire l'ansia da prestazione come ""paura della paura", infatti a differenza della paura che è strettamente connessa con l'istinto di fuga da un pericolo, l'ansia rappresenta il sintomo delle repressione di questo istinto che comporta l'alterazione del rapporto con la realtà. La descrive bene Paolo Quattrini, direttore dell'Istituto Gestalt Firenze, quando afferma che: "è il segno di una fuga interiore, non tradotta sul piano fisico, una fuga nascosta, che non deve essere notata, una fuga non permessa".[9]

[9] Quattrini G.P., "*Fenomenologia dell'esperienza*", Zephiro Edizioni, 2007.

In un certo senso si potrebbe dire che la persona, invece di rispondere alla paura con una forza che le si oppone, per esempio con la rabbia che a sua volta svilupperebbe determinazione verso l'obiettivo desiderato, reagisce sviluppando altra paura.

Nella mente di chi soffre di ansia da prestazione, spesso, s'instaura un pensiero auto-sabotativo, orientato all'insuccesso e si verifica così quello che in psicologia viene definita "la profezia che si auto avvera" [...] Una supposizione o profezia che per il solo fatto di essere stata pronunciata, fa realizzare l'avvenimento presunto, aspettato o predetto, confermando in tal modo la propria veridicità"[10].

Tutte le iniziative attuate portano esattamente ciò che si paventava innescando una specie di circolo vizioso rinforzato dal raccogliere sconfitte che, nel tempo, indeboliscono l'autostima e la fiducia in se stessi.

---

[10] Craig J. Calhoun E., "*Robert K. Merton: sociology of science and sociology as science*", Columbia University Press, New York, 2010

Per questo motivo questa tecnica presuppone un'iniziale accettazione dell'ansia come campanello d'allarme, come sintomo di "serietà", come parte di noi da ascoltare, accettare e trasformare in energia positiva. E' importante conoscere la teoria della psicologia dello sport per quanto riguarda il livello di attivazione o arousal di cui si accennato in precedenza.

La G.A.P.S.S. Senarega è una tecnica valida e testata da anni per gestire l'ansia da prestazione nello studio, negli esami, nelle gare, in generale per affrontare le prestazioni, le sfide, le relazioni interpersonali e le difficoltà della vita. Presuppone un rapporto fiduciario tra chi la propone e chi la mette in pratica che richiede almeno qualche seduta preliminare. In sede preliminare si consolida appunto il rapporto di fiducia e s'inizia a mettere a fuoco di quale ansia si stia trattando. La persona cui si somministra questa tecnica deve avere almeno 12 anni ed essere in grado di astrazione (per questo motivo non è adatta per i bambini piccoli e nella disabilità).

E' importante sottolineare che questa tecnica è indicata per problematiche lievi, con ansia soprattutto da prestazione sportiva e scolastica, se le cause dell'ansia sono profonde si è comunque di aiuto al soggetto se lo si accompagna ad intraprendere un percorso psicoterapico.

In sintesi è una tecnica che trasforma l'ansia da prestazione sportiva e scolastica in un'energia positiva da distribuire dove essa è più utile.

Si fanno in media 1-2 incontri preliminari, seguiti da 5 momenti in cui s'inseriscono i successivi step, naturalmente la variabilità è legata alla persona. I primi 5 sono fissi e i successivi step variano a seconda del tipo di prestazione.

Un elemento essenziale di questa tecnica è il facilitatore.

Il facilitatore può essere un pedagogista sportivo, un esperto di psicologia dello sport, un counselor che abbia esperienze sportive, un allenatore di alto livello che abbia fatto pratica e abbiano approfondito con questo testo le dinamiche dello sport e dei vari step descritti, un educatore.

L'autrice, al di là del suo bagaglio formativo, ha iniziato a lavorare su stessa a questa metodica già dall'età di 20 anni, quando non aveva ancora conseguito nessuna laurea e da se stessa ha ottenuto risultati importanti, soprattutto nel suo sport. Da questa sua iniziale esperienza, data l'efficacia sperimentata su se stessa, ha proposto, nel tempo, nella veste d'insegnante e di allenatrice, questa tecnica a vari studenti e atleti avendo conferma dell'efficacia della stessa.

1. Descrizione degli incontri.

FASE PRELIMINARE: dopo alcuni colloqui preliminari di consolidamento della fiducia tra facilitatore/somministratore e atleta/studente in cui si analizzano l'ansia in generale, quella da prestazione. S'invita lo sportivo/studente a raccontare la propria ansia legata alla sua prestazione. Dopo aver sinteticamente spiegato il concetto di "arousal" e come saranno le successive visualizzazioni, in modo da preparare il soggetto per agevolare il suo coinvolgimento si potranno mettere in pratica alcuni step/passaggi di durata variabile a seconda del soggetto e della sua capacità di percepire, immaginare e visualizzare. Gli step non corrispondono necessariamente alle singole sedute, possono volerci più incontri per un passaggio o invece in un incontro si possono svolgere più step, la scelta dipenderà dalla capacità del soggetto di visualizzare, immaginare e immedesimarsi.

1° step - L'ACCETTAZIONE:

analizzare la propria ansia, accettarla come manifestazione di sensibilità e serietà, lasciarla fluire e ascoltarla, con l'aiuto del facilitatore si arriva ad accettarla, a considerarla un'alleata e distribuirla in tutto il corpo.

2° step - LA CONOSCENZA:

analizzare il concetto di livello di attivazione, considerarla positivamente come livello di attivazione da canalizzare, con l'aiuto del facilitatore s'inizia a pensarla come una manifestazione costruttiva e vantaggiosa per la prestazione.

3° step – LA LOCALIZZAZIONE:

essere consapevoli di quanto scritto sopra e localizzare l'ansia in un punto del corpo (cuore, stomaco, testa, tutto il corpo, ecc.), percepirla come energia (flusso, raggi, scintille, ecc.), con l'aiuto del facilitatore si inizia a capire il nucleo centrale da cui parte e a coglierla come vitalità e forza.

4° step – LA COLORAZIONE:

dopo aver visualizzato da dove parte e averla percepita come energia positiva. Visualizzare un colore che la definisca (azzurro, giallo, sono i più comuni e i migliori; vanno bene anche rosso, arancione, viola, il rosso comporta tendenzialmente, per esperienza, un'ansia da aggressività rivolta verso se stessi, nero e diffuso nel cervello o in tutto il corpo è il più difficile da trattare, la tratteremo in seguito a parte). Con l'aiuto del facilitatore, assegnando un colore alla propria energia, sarà più facile visualizzarla.

5° step – LA CANALIZZAZIONE:

una volta individuata, dopo aver visualizzato da dove scaturisce e il suo colore. Immaginarla come un flusso di energia e iniziare a "distribuirla" visivamente o in tutto il corpo (soprattutto se è molto alta) o nella parte del corpo che più è utile alla prestazione considerata: il cervello (per le prestazioni intellettuali, interrogazioni, esami all'università, parlare in pubblico ad un convegno, ecc.), i muscoli (per prestazioni fisiche, gare, selezioni importanti, incontri, partite, ecc.), muscoli e cervello, se la prestazione fisica richiede molta concentrazione. Il facilitatore, essendo già a conoscenza della prestazione cui si vuole lavorare, guiderà il soggetto nella visualizzazione più opportuna e aiuterà, con verbalizzazioni adatte, a trasformare e canalizzare l'ansia/energia dove è maggiormente necessaria a seconda della prestazione richiesta.

6° step – LA CONSAPEVOLEZZA:

farla fluire lungo il corpo e farla arrivare dove ci è più utile per il nostro scopo. Far notare che è calata e che così diventa molto più gestibile (consapevolezza dell'intervento). Il facilitatore guiderà la visualizzazione con voce calma, a una velocità che dia modo al soggetto di "vedere" il fluire dell'energia positiva nelle direzioni indicate.

I tempi sono soggettivi, dipendono dalla capacità del soggetto di visualizzare e il facilitatore dovrà essere in empatia e sentire il flusso insieme al soggetto per rispettare i suoi tempi. Non si può accelerare e nemmeno rallentare, è una fase molto importante, per far capire meglio è richiesta la stessa attenzione e tempistica delle altre tecniche di rilassamento.

7° step – LA SIMBOLIZZAZIONE:

immaginare il cervello con i neuroni che lavorano e sono pronti a trasferire tutti i concetti che avevamo immagazzinato precedentemente. (i neuroni possono essere immaginati come piccoli omini che prima dormivano o erano esagitati e lavoravano a caso e invece adesso sono come soldatini pronti ad eseguire i nostri ordini. Oppure come gangli neuronali che si attivano con ordine e non in modo confuso come prima per trasmetterci le informazioni corrette che ci serviranno. Quest'ultima è naturalmente un'immagine più evoluta rispetto alla prima e deve essere la persona a sceglierla, si può solo aiutare, ma l'immagine deve essere assolutamente personale e va bene qualsiasi figura che porti all'obiettivo.

Nel caso dei muscoli è più facile e immediato in quanto tutti, più o meno, hanno un'immagine di un muscolo, la visualizzazione deve portare a pensare ai nostri muscoli che tramite l'energia che stiamo loro fornendo saranno in grado di reggere lo sforzo, renderlo più focalizzato al nostro obiettivo, pronto ai cambiamenti. Per le prestazioni dove sono utili cervello e muscoli bisognerà distribuire l'energia sia in alto (cervello) sia a tutto il corpo e coordinare l'immagine dei neuroni all'immagine dei muscoli in modo che le 2 parti si coordinino e agiscano al meglio (questo può essere un passaggio in più).

Il facilitatore dovrà guidare il soggetto nella visualizzazione più adatta a lui, dando suggerimenti, idee (nel caso il soggetto abbia difficoltà a visualizzare).

8° step – IL FEEDBACK:

prendere coscienza dell'esperienza, anche parlandone alla fine e consolidare la percezione. Il facilitatore farà ripercorrere tutti i passaggi chiedendo se ci sia stata una qualche difficoltà e quali visualizzazioni hanno avuto più successo.

9° step – L'AUTOMATIZZAZIONE:

si stabilisce una parola chiave da usare ai primi segnali di ansia insieme a 2 o 3 respiri profondi, la parola chiave deve essere scelta dalla persona o si può decidere insieme una parola chiave che richiami tutte le visualizzazioni utili, soprattutto quelle specifiche alla prestazione considerata deficitaria. Molto usate sono state le parole "luce", "energia","forza", ma ognuno sceglierà la sua. In questa fase si deve automatizzare la risposta positiva all'ansia collegandola alla parola chiave. Il facilitatore seguirà l'atleta/studente nell'applicazione del lavoro eseguito fino a quel momento, collaborerà al consolidamento e automatizzazione del collegamento parola chiave-reazione positiva di canalizzazione dell'energia

2.Verbalizzazioni

Le verbalizzazioni legate ai vari step sono molto importanti per guidare, in modo efficace l'atleta/studente, per questo motivo si è pensato di scriverle in modo dettagliato. Le risposte indicate dopo ogni gruppo di verbalizzazioni rappresentano le soluzioni tipiche indicate dagli atleti e dagli sportivi durante l'esperienza di tutti questi anni e a cui bisogna essere preparati per poter guidare meglio nella gestione dell'ansia da prestazione sportiva e scolastica.

Verbalizzazioni legate allo step 1 – L'accettazione:

"Hai molta ansia?"

"La senti spesso?"

"In quali situazioni è più forte?"

"Cosa ti provoca l'ansia?"

"Vorresti riuscire a stare più tranquillo?"

"L'ansia è manifestazione di sensibilità e serietà, lasciala fluire e ascoltala..."

"Hai mai pensato che l'"arousal" o livello di attivazione fosse positivo?"

Risposte legate allo step 1

"Si moltissima e la sento spesso."

"Nelle interrogazioni", "Nelle verifiche scritte", "Nelle gare", "In determinate gare o attrezzi"

"Non so cosa mi provoca l'ansia, ma vorrei fosse almeno meno forte"

Verbalizzazioni legate allo step 2 – La conoscenza:

"Non cercare di reprimerla, accettala, può essere positiva..."

"Sai cosa vuol dire livello di attivazione?" (Spiegare in breve il significato di livello di attivazione e la sua positività.)

"Se non è eccessiva e se non la reprimi, può essere un livello di attivazione utile per fare meglio tutto e trasformarsi in qualcosa di positivo"

"Non avere ansia di avere ansia" "Gestisci solo una: quella naturale"

Verbalizzazioni legate allo step 3 - La localizzazione:

"Dove senti maggiormente l'ansia?"

"In quale punto del corpo?" "Fai un respiro profondo e prova a distribuirla"

"Immaginala come se fosse energia positiva"

"Distribuisci il flusso di energia positiva"

Risposte legate allo step 3:

"Da tutte le parti",

"Di solito maggiormente cuore, stomaco, gola, tutto il corpo, testa"

"Diffusa in tutto il corpo e nera o grigia come colore" (è la risposta peggiore, sarà trattata a parte perché richiede alcuni step aggiuntivi.)

"Da nessuna parte in particolare...è diffusa, non la sento quasi"

Verbalizzazioni legate allo step 4 – La colorazione:

"Adesso pensa al colore della tua energia positiva"

"Immaginala come un flusso forte del colore in cui la vedi"

"Di che colore la vedi"

Risposte legate allo step 4:

"Nera o grigia", "Rossa", "Gialla", "Azzurra", "Verde" (questi sono i colori più tipici, ma vanno bene tutti quelli scelti dal soggetto tranne nera o grigia, naturalmente non si deve comunicare l'aspetto non positivo di quella di colore nero o grigio)

Verbalizzazioni legate allo step 5 – La canalizzazione:

"Adesso immagina che quel flusso di energia positiva (azzurro, giallo, arancione, viola, colore precedentemente scelto) *si distribuisca in tutto il corpo. Rispetto a dove lo sentivi all'inizio diminuisce e si distribuisce verso l'alto e verso il basso del tuo corpo"*

"L'energia fluisce verso il collo e la testa, verso l'addome, le braccia e le gambe"

Verbalizzazioni legate allo step 6 – La consapevolezza:

"Adesso indirizzala e distribuiscila ai muscoli (nel caso di prestazione prevalentemente fisica), al cervello (nel caso di prestazione mentale), a muscoli e cervello (nel caso di prestazione sportiva che richieda molta concentrazione) ".

"Vedi che non è più così tremenda, già quando l'hai accettata era diminuita, adesso che la distribuisci stai ancora meglio" *(consapevolezza)*

"Allora usala per quello che ti serve"

Verbalizzazioni legate allo step 7 – La simbolizzazione:

"Se hai bisogno di concentrazione, mandala soprattutto al cervello, ai tuoi neuroni"

"Immagina i tuoi neuroni" (Importante questa fase di visualizzazione dei neuroni)

"Come li immagini?"

Risposte step 7:

"Come omini che lavorano e organizzano tutte le informazioni che serviranno al momento buono grazie alla tua energia". Oppure

"Come veri neuroni che si attivano con la tua energia e passano più fluidamente e velocemente le informazioni che ti servono".

"Come girini che si organizzano dal caos e tutti insieme, grazie all'energia vanno diritti a raccogliere le informazioni contenute nel cervello".

"Come sfere colorate che, con l'arrivo dell'energia, da caotiche si associano e incamerano informazioni da poter poi utilizzare".

"Non riesco a visualizzare i miei neuroni". (In questo caso bisogna soffermarsi di più su questo step per dare modo al soggetto di arrivare a una sua visualizzazione, magari aiutandolo con esempi di altre esperienze o con figure di neuroni.)

"Immagina i muscoli di tutto il tuo corpo"

"Come li immagini?"

Risposte: Di solito i muscoli sono più facili da immaginare, molto simili le risposte e aderenti in linea generale alla realtà, a volte sono visualizzati come ingranaggi o delle fasce di elastici.

"Fai passare la tua energia lungo essi per farli diventare più forti, più reattivi, più pronti a quello per cui ti servono".

"Immagina tutto il tuo corpo: muscoli, cervello e vari apparati e distribuisci l'energia in modo da rinforzare tutte le sue parti come ti serve"

Questa visualizzazione può essere molto efficace, se condotta in collaborazione con l'atleta che percepisce maggiormente di che cosa hanno bisogno i suoi muscoli.

Nel caso di sport situazionali (open skill: giochi sportivi) conviene generalmente una distribuzione di energia a tutto il corpo, al cervello per essere maggiormente reattivi alle diverse situazioni di gara e ai muscoli per essere carichi, reattivi, ma anche distribuire la fatica della prestazione sportiva.

Nel caso di sport closed skill a richiesta tecnico-estetica (ginnastica artistica, ritmica, tuffi, pattinaggio artistico, danza sportiva, ecc.) converrà distribuire l'energia sia al cervello per la concentrazione, sia ai muscoli di volta in volta maggiormente coinvolti nell'esecuzione del gesto tecnico.

Negli sport che richiedono soprattutto la prestazione fisica (atletica, nuoto, ciclismo, ecc.) l'energia verrà distribuita e convogliata soprattutto sui muscoli prevalentemente utilizzati e anche sugli apparati cardio circolatorio e respiratorio affinché siano forti e aiutino a sopportare meglio la fatica, ossigenino fortemente le varie fasce muscolari coinvolte.

Nel caso di verifiche e interrogazioni scolastiche la maggior parte dell'energia dovrà andare al cervello in modo che i neuroni, precedentemente visualizzati, possano attivarsi al meglio e trasmettere le informazioni che si sono studiate.

Naturalmente è un metodo per chi studia, inefficace senza studio. Del resto le persone con ansia da prestazione sono generalmente puntigliose nella loro preparazione sia essa di studio, sia di allenamento.

Verbalizzazioni legate allo step 8 – Il feedback:

"Adesso ripensa a quello che hai sentito" "Ti sembra utile?" "E' diminuita l'ansia?" "Ripensa a tutte le fasi in modo da prendere confidenza con questa tecnica"

"Hai avuto difficoltà in qualche visualizzazione particolare?"

"Se vuoi, ci ripensiamo e la modifichiamo insieme"

"La prossima volta ripeteremo il percorso per consolidare l'uso di questo metodo e successivamente penseremo a una parola chiave che servirà ad attivare le sensazioni in un tempo più breve."

Gli stessi passi devono essere somministrati in almeno altri 2-3 incontri e prove individuali della persona interessata.

Verbalizzazioni legate allo step 9 – L'automatizzazione:

"Adesso che viene più semplice visualizzare, stabiliamo una parola chiave scelta da te che ti aiuti a gestire l'ansia più velocemente e a richiamare in tempo breve il percorso di visualizzazione fatto più lentamente nelle precedenti sedute"

Si eseguono altre 2 o 3 sedute di automatizzazione in cui la persona immagina una situazione ansiogena tipica per lei e dopo la parola chiave e i respiri profondi si abitua a percorrere tutti i passi in modo automatico e di conseguenza più veloce.

Se la persona si sente più tranquilla di gestire l'ansia abbiamo raggiunto l'obiettivo e anche da sola sarà in grado di gestirla nella situazione reale che gliela provocava.

2 A. *Situazioni specifiche*

Ci sono casi particolari da trattare con un approccio lievemente diverso, sono le situazioni con:

Ansia scura

Ansia non localizzata

Assenza di percezione dell'ansia

Merita un discorso a parte la visualizzazione istintiva di un'*ansia scura*. E' l'ansia più profonda e quindi più difficile da gestire con metodi cognitivisti. Le sedute saranno più numerose (3 o 4 di più). Dopo il 3° step si aggiungeranno 3 incontri dedicati al cambiamento di colore. Si focalizzerà maggiormente l'attenzione sul discorso energia positiva, flusso vitale, fascio di energia, positività del livello di attivazione corretto, fino a che l'energia non cambierà colore non si potrà procedere, ma di solito, soffermandosi un po' di più sui concetti sopra descritti si può procedere con i passi successivi.

Verbalizzazioni legate a modificazione colore ansia/energia:

"La vedi nera o grigio scuro?"

"La vedi scura se la colleghi all'ansia perché la vivi negativamente"

Se la pensi come energia positiva che ti aiuterà, in quale colore riesci a trasformarla?

Se il colore a questo punto si modifica in azzurro, giallo, rosso, ecc., comunque in una tinta più "energetica" rispetto al nero/grigio si riparte dallo step 6.

Anche *l'ansia non localizzata*, ma diffusa in tutto il corpo è più difficile da gestire, ed è facilmente connessa alla visione di "nebbia grigia scura che pervade il corpo annichilendo il soggetto da qualsiasi azione o pensiero, un'ansia paralizzante sotto tutti i punti di vista. Questo è un caso estremo, ma non poco frequente.

Si tratta dell'ansia più impegnativa da superare, quando si arriva a questa dichiarazione ci si deve fermare e si riprende un po' rifocalizzandosi sull'energia/positività dell'azione.

A questo punto, ribadendo la positività della giusta attivazione, si chiede se il soggetto riesca a individuare più precisamente da dove parte la sensazione e in quale altro colore, considerandola positiva, potrebbe diventare. A questo stadio è più facile che si riesca a modificare il colore e meno comune che si riesca a localizzarlo, anche non localizzando l'origine si può procedere lo stesso considerando di avere già un livello di attivazione distribuito in tutto il corpo di un colore diverso dal nero/grigio.

Se finalmente il soggetto riesce a vederne un altro che non sia il grigio scuro o la nebbia diffusa si può procedere, altrimenti bisogna riprendere il discorso sul livello di attivazione/positività e riprendere poi dallo step 4 o 5.

Verbalizzazioni per ansia non localizzata:

"Dove senti maggiormente l'ansia?"

"Pensa a dove percepisci il maggior fastidio"

"Hai nausea? Ti batte forte il cuore forte?"

Se si riesce a far individuare un punto più di in altro si trasforma l'ansia in energia e si riprende dallo step 4. Se non si riesce a localizzare una sua origine precisa, si trasforma direttamente, partendo dalla diffusione in tutto il corpo, in energia.

"Adesso sei riuscito a localizzarla?

"Allora se non riesci proprio a localizzarla, immaginala positiva e già distribuita in tutto il corpo e da tutto il corpo portala maggiormente al cervello, al cuore, ai muscoli, ecc."

"Se non riesci a individuare un punto preciso, pensala come energia diffusa in tutto il corpo e distribuiscila soprattutto al cervello (per ansia scolastica), al cervello e ai muscoli (per ansia sportiva) "

Meritano un approfondimento i casi in cui si ha *l'assenza della percezione dell'ansia*, ma la presenza degli effetti correlati fino addirittura a un blocco totale al momento della prestazione sia essa di carattere fisico, sia intellettivo e non riconducibile in modo chiaro all'ansia

I casi in cui non ci sono sintomi di ansia, ma il soggetto non riesce ad avere una prestazione adeguata sono i più complicati da trattare. E' chiaro che questa sia la più ostica da affrontare e superare in quanto si deve riuscire prima di tutto a individuare e riconoscere l'ansia. In questo caso bisogna lavorare direttamente sugli effetti e attuare quasi un percorso a ritroso rispetto agli step precedenti per arrivare a individuarla. Nelle prime verbalizzazioni non si parlerà neanche di ansia, ma degli effetti che la rivelano: il blocco spiacevole delle funzioni fisiologiche e cognitive che ne deriva. Nei primi colloqui bisognerà cercare di capire quali possano essere i sintomi non avvertiti come ansia, ad esempio stanchezza eccessiva, testa nelle nuvole, irritabilità, rabbia immotivata, lievi mal di testa o sbadigli frequenti oppure altro che si possa capire nel corso dei primi colloqui. Una volta riconosciuti e condivisi i sintomi si proverà ad addentrarsi nell'argomento sostenendo l'individuazione di un'ansia più nascosta.

Una volta individuati i sintomi riconducibili all'ansia si potrà iniziare con gli step in successione partendo dal numero 2 – La conoscenza ed eseguire tutti i passaggi di rito cercando prima di portare l'energia a una parte precisa del corpo e da lì canalizzarla a seconda dell'utilizzo che più ci preme.

Le verbalizzazioni iniziali nell'assenza di percezione dell'ansia saranno:

"Ti senti nervosa"

"Hai rabbia?"

"Senti la testa vuota"

"Quella sensazione è l'ansia. Adesso prova a mandarla al cuore o allo stomaco e trasformala in energia da distribuire" oppure nel caso rimanga diffusa in tutto il corpo

"Se non riesci a individuare un punto preciso, pensala come energia diffusa in tutto il corpo e distribuiscila soprattutto al cervello (per ansia scolastica), al cervello e ai muscoli (per ansia sportiva)".

Le altre verbalizzazioni, dallo step 4, saranno legate e simili alle situazioni di difficoltà precedentemente descritte.

3. Applicazioni

Ansia da prestazione sportiva. Bisogna focalizzarsi maggiormente sulla muscolatura e in modo minore sulla mente, ciò a dire che il facilitatore dovrà accennare, nelle visualizzazioni, al cervello senza soffermarsi troppo sui neuroni. Bensì approfondirà le visualizzazioni legate alla muscolatura e agli apparati cardio-circolatorio e respiratorio (per gli sport a prestazione fisica), sulla muscolatura in particolare e sulla capacità di controllo del gesto (per gli sport a capacità tecnico-estetica), sulla muscolatura e anche sull'elasticità dei neuroni pronti ad affrontare qualsiasi situazione problema (nel caso di sport di situazione). La classificazione degli sport elencata non è tratta da nessun testo specifico è solo frutto della mia esperienza trentennale nel campo e descritta così per poter essere facilmente utilizzata dai futuri fruitori/facilitatori del metodo Negli Sport a prevalente prestazione fisica (atletica, nuoto, ciclismo, canottaggio, ecc.) le visualizzazioni vanno indirizzate soprattutto alla muscolatura e agli apparati respiratorio e cardio-circolatorio, quindi quando si arriva ai muscoli, si dovrà aggiungere la visualizzazione del cuore che batte nel modo e con il ritmo corretto per la prestazione richiesta, cuore "caricato" piacevolmente per sostenere lo sforzo.

Inoltre si aggiungerà la visualizzazione dei vasi sanguigni, dove scorre il sangue che porta il nutrimento e l'ossigeno a tutti gli organi utili e quella dei polmoni che saranno attivati dall'energia per essere elastici e funzionali al ricambio dell'ossigeno in circolo. Il tutto per arrivare a visualizzare i nostri apparati come …una macchina perfettamente funzionante che assolverà il suo compito, o come…un insieme d'ingranaggi perfettamente oliati in grado di ottenere la prestazione richiesta o…si può far scegliere la visualizzazione preferita dall'atleta per ottenere questo scopo.

Verbalizzazioni per gli Sport a prevalente prestazione fisica.

Le prime 5 sono simili.

La 6: *"Adesso indirizzala e distribuiscila ai muscoli e al cuore e ai polmoni. Il cuore grazie alla tua energia batterà con forza, ma senza esagerare, permetterà ai tuoi muscoli pronti per eseguire lo sforzo di essere ben ossigenati così come i tuoi polmoni saranno elastici e pronti a riempirsi di ossigeno e a eseguire le loro funzioni al meglio."*

"Vedi che non è più così tremenda, già quando l'hai accettata, era diminuita, adesso che la distribuisci stai ancora meglio" *(consapevolezza)*

"Allora usala per quello che ti serve"

Riguardo agli Sport a prestazione tecnico-estetica (ginnastica artistica, ritmica, tuffi, pattinaggio, danza sportiva, ecc.), in cui il gesto da eseguire è molto importante per la prestazione e l'attenzione a esso deve essere massima. Il facilitatore dovrà curare sia la parte mentale per quanto riguarda la concentrazione riferita alla precisione del gesto tecnico, (distribuendo l'energia al cervello), ma anche la parte fisica della muscolatura affinché faccia "quello che il cervello comanda".

Per gli sport tecnico-estetici si possono prevedere visualizzazioni specifiche per ogni attrezzo e anche per ogni elemento che provoca maggiore ansia. Ad esempio, in ginnastica artistica, una visualizzazione utile, specifica per la trave, è stata quella di immaginare che dai muscoli, con l'energia, scenda una specie di colla ai piedi che tiene la ginnasta incollata alla trave. Ciò per fare in modo che il corpo non perda l'equilibrio o un'altra ancora che l'energia esprima la sua forza maggiormente intorno al baricentro per mantenere la concentrazione sulla tenuta del corpo che è indispensabile nell'esecuzione degli esercizi alla trave.

Bisogna però conoscere molto bene quello sport oppure farsi aiutare dall'atleta e scegliere insieme la visualizzazione più confacente al risultato richiesto.

Verbalizzazioni per gli Sport a prestazione tecnico-estetica

Le prime 5 sono simili.

La 6: *"Adesso indirizzala e distribuiscila soprattutto al cervello (nel caso di prestazione sportiva che richieda molta concentrazione come negli sport a prestazione tecnico-estetica)". Il cervello dovrà organizzare l'energia per inviarla ai muscoli in modo che eseguano il gesto tecnico richiesto nel migliore dei modi"*

"Vedi che non è più così tremenda, già quando l'hai accettata, era diminuita, adesso che la distribuisci stai ancora meglio" (consapevolezza)

"Allora usala per quello che ti serve"

Per gli Sport di situazione (calcio, pallacanestro, pallavolo, ecc.) sarà importante distribuire l'energia sia alla muscolatura, sia al cervello, ma non tanto sulla concentrazione data ai muscoli per agire al meglio (come negli sport di prestazione tecnico-estetica), quanto come elasticità dei neuroni e loro prontezza ad affrontare qualunque situazione di gioco in campo.

Sarà utile distribuire una parte dell'energia anche agli apparati cardio-circolatorio e respiratorio, per le prestazioni particolarmente impegnative anche a livello fisico e, soprattutto se l'ansia andasse a detrimento della respirazione o della frequenza/potenza del cuore. (respiro affannoso, dispnea, tachicardia).

Verbalizzazioni per gli Sport di situazione

Le prime 5 sono simili.

La 6: *"Adesso indirizzala a muscoli e cervello, soprattutto al cervello per renderlo elastico e pronto ad affrontare qualsiasi situazione di gioco, ai muscoli per essere pronti velocemente a mettere in pratica i comandi del cervello."*

"Invia una parte dell'energia al cuore e ai polmoni per avere un cuore forte che ti sosterrà nella fatica e ai polmoni per non avere il fiatone già prima di iniziare"

"Vedi che non è più così tremenda, già quando l'hai accettata, era diminuita, adesso che la distribuisci stai ancora meglio" *(consapevolezza)*

"Allora usala per quello che ti serve"

Le verbalizzazioni successive, dallo step 7 in poi, sono simili, anche se si dovranno adattare ai soggetti e ai loro sport specifici.

Gestione dell'ansia dopo un infortunio.

La tecnica può essere utilizzata anche nelle situazioni di gestione dell'ansia dopo un infortunio, derivante dalla paura di farsi male. Il recupero dell'atleta passa inevitabilmente oltre che dal fisico anche dalla mente. Il facilitatore sosterrà l'atleta nella distribuzione dell'energia soprattutto all'arto/articolazione/muscolo leso con un pensiero positivo di rinforzamento, unito a visualizzazioni dell'esercizio che ha procurato l'infortunio eseguito in maniera corretta senza sbavature e ripetuto più volte.

Verbalizzazioni legate a un infortunio.

Le prime 5 sono simili

La 6: *"Adesso indirizzala al punto dove ti sei fatto male e pensa di mandare forza per consolidare o levare infiammazione, ecc."*

"Ripensa all'esercizio dove ti sei fatto male e rivedi l'esercizio fatto perfettamente senza cadere"

"Rifallo ancora più volte fino a che non ti verrà in mente l'infortunio, ma solo l'esercizio fatto bene"

Ansia da prestazione scolastica.

E' utile focalizzarsi sulla mente e la muscolatura va trattata solo per equilibrio di distribuzione dell'energia. Bisogna distinguere tra ansia per le interrogazioni/esami a scuola o all'università e ansia per le verifiche scritte/test scritti a scuola o all'università, sembra la stessa difficoltà e in effetti è facile che chi abbia l'una abbia anche l'altra, ma non sempre è così: a volte c'è chi se deve parlare è relativamente tranquillo e se deve scrivere va in ansia o viceversa L'ansia da prestazione negli scritti, siano essi a scuola o all'università, consiste spesso nel blocco del ragionamento. Una volta che si è di fronte alle domande del test, eseguendo le visualizzazioni dapprima guidate dal facilitatore e in seguito autogestite, si avrà una canalizzazione dell'energia al cervello che attiverà i neuroni (immaginati a propria scelta) e soprattutto si sbloccherà il tumulto di pensieri che saranno a questo punto riorganizzati per ottenere il risultato prefisso. L'ansia delle interrogazioni/esami va trattata in maniera un po' differente. Infatti, oltre a indirizzarla al cervello, come l'energia/ansia per gli scritti, (verbalizzazioni successive) bisogna arrivare a essere molto veloci e lavorare molto sull'automatizzazione parola chiave/canalizzazione energia, rispetto all'altra degli scritti in cui a livello logistico si ha comunque un po' di tempo con se stessi per poter arrivare al livello di attivazione utile per rendere allo scritto e non bloccarsi o non essere più in grado di ragionare.

Il lavoro di automatizzazione consiste nella ripetizione dello step 9 con incontri in cui s'immagina di essere interrogati e si ripete la parola-chiave cercando di associarla il più velocemente possibile alla distribuzione dell'ansia/energia.

L'ansia da interrogazioni /esami può collegarsi, in parte, all'ansia di parlare in pubblico, perché a volte non è tanto il professore (molto importante nel mettere a proprio agio lo studente, ma non sempre determinante quando l'ansia è molto accentuata), quanto il dover parlare di fronte ai compagni o a degli sconosciuti, nel caso di studente universitario, che provoca l'ansia.

Verbalizzazioni specifiche per ansia scolastica da interrogazioni e negli scritti:

Le prime 5 sono simili.

La 6: *"Adesso indirizzala a tutto il corpo, ma soprattutto al cervello che si attiverà per mandare in ordine tutte le informazioni accumulate e studiate in precedenza".*

"Immagina i tuoi neuroni. Come li immagini?"

"Immagina i tuoi neuroni (omini, dendriti e assoni, ecc.) che lavorano, sono attivi, pronti a mandarti le informazioni, che hai prima acquisito con lo studio".

Le verbalizzazioni successive sono simili, anche se si dovranno adattare ai soggetti e alle loro specifiche problematiche.

Nel caso dell'ansia soprattutto per l'orale sarà importante la fase dell'automatizzazione parola chiave/reazione di ridistribuzione ansia e attivazione del cervello per dare le informazioni già in essere dentro il soggetto. (step 9)

Nel caso dell'ansia per gli scritti vanno bene tutte le fasi con le verbalizzazioni descritte.

Si potrebbe aggiungere un'ulteriore visualizzazione:

" Immagina te stesso mentre stai facendo lo scritto che temi maggiormente e pensa ai tuoi neuroni come saranno ben attivati dopo questo lavoro"

Nell'*ansia di parlare in pubblico* la visualizzazione si focalizzerà maggiormente sul cervello (per la concentrazione e per non perdere il filo del discorso) e sull'apparato respiratorio e il diaframma (per la voce). Quindi l'energia positiva andrà ad attivare i neuroni che saranno di conseguenza molto concentrati e pronti a trasferire le informazioni, il diaframma che sarà rilassato ma pronto a far emettere una voce chiara, forte e sicura, i polmoni che saranno carichi ed elastici per non avere il respiro affannoso e poter parlare tranquillamente .

Verbalizzazioni specifiche per ansia di parlare in pubblico

Le prime 5 sono simili.

La 6: *"Adesso indirizzala a tutto il corpo per riequilibrare, ma soprattutto al cervello che si attiverà per mandare in ordine tutte le informazioni che si vogliono trasferire alla platea, al diaframma per rilassarlo e permettere una buona vocalizzazione per far uscire una voce forte e sicura. Mandala anche ai polmoni così il tuo respiro sarà profondo e parlerai tranquillamente"*

Le verbalizzazioni successive sono simili, anche se si dovranno adattare ai soggetti e alle loro specifiche problematiche e situazioni.

Nell'ansia da prestazione nelle relazioni, importante distribuire l'energia a tutte le parti del corpo e soprattutto al cuore come protezione, copertura, ma anche apertura al mondo che non fa più paura. Visualizzare l'ansia/energia come un flusso di protezione del cuore e di tutto il corpo e nello stesso tempo come una carica di vitalità e di forza che ci rende capaci di predisporci positivamente verso il prossimo e di non averne paura.

Verbalizzazioni specifiche per l'ansia nelle relazioni

Le prime 5 sono simili.

La 6: *"Adesso indirizzala a tutte le parti del corpo, ma soprattutto immaginala come un flusso di protezione intorno al cuore e intorno al tuo corpo. Questo flusso ti proteggerà, ma ti farà anche sentire la forza che hai, ti farà predisporre positivamente chi ti avvicina e permetterai agli altri di avvicinarti senza paura di essere ferito, perché sei molto più forte con la tua corazza di energia."*

Le verbalizzazioni successive sono simili, anche se si dovranno adattare ai soggetti e alle loro specifiche problematiche.

4. Casi.

Questo elenco, scritto a titolo esemplificativo, rappresenta l'insieme dei casi più significativi che simboleggiano i molti altri che hanno provato piacevolmente questa tecnica con risultati soddisfacenti.

Daniela, giovane ginnasta con sintomi come forte nausea sempre prima della competizione, tanto che non avrebbe neanche voluto partecipare alle gare. Per l'eccessiva ansia cadeva sempre e più volte dalla trave, attraverso un lavoro specifico centrato proprio sull'attrezzo che le dava maggiori difficoltà (la trave) è arrivata a provare un'ansia gestibile e a non cadere più dalla trave.

Francesca, studentessa di psicologia, non riusciva, oltreché a dare esami, neanche più a uscire di casa, in pochi incontri, partendo dall'accettazione dell'ansia, sono bastate minime visualizzazioni per superare il problema.

Giulia, studentessa al primo anno liceo, studiava bene, ma arrivata alle verifiche o alle interrogazioni dall'ansia neanche troppo riconosciuta, non riusciva a pensare e rispondeva sbagliato accorgendosene alla fine dell'interrogazione o dello scritto, oltre all'accettazione sono state molto utili le visualizzazioni che diffondevano l'ansia/energia.

Lia, ginnasta molto brava di alto livello, in allenamento sempre tutto bene, in gara il crollo, stava malissimo dall'ansia e non rendeva, importanti sia l'accettazione sia la visualizzazione.

Marco, vedeva tutto nero, tanta era l'ansia scolastica. Questa nebbia era localizzata nel cervello tanto da annichilire ogni capacità di ricordo e di ragionamento. E' stato il più complicato da risolvere, oltre all'accettazione, abbiamo dovuto come prima visualizzazione modificare il colore dell'ansia, da nera a un colore scelto da lui, dopo aver puntualizzato molte volte che l'ansia era energia e come energia in quale altro colore riusciva a visualizzarla. Solo dopo aver cambiato il colore di quella che, a quel punto era energia, si è andati avanti con le visualizzazioni che hanno avuto alla fine buoni risultati, l'ansia rimaneva, ma era diventata gestibile e non portava più a un annichilimento della mente.

Laura all'inizio delle visualizzazioni aveva neuroni come girini che ruotavano a caso nel suo cervello, con il lavoro incentrato su questo metodo i suoi neuroni si sono organizzati e negli esami universitari ha iniziato a rendere maggiormente.

Paolo non riusciva a focalizzare nessun tipo di neurone, poi aiutandosi con le mappe concettuali è arrivato a visualizzare delle sfere e la sua capacità di concentrazione sotto stress è notevolmente migliorata.

Roberta primo anno scuola superiore, non sentiva ansia, ma negli scritti si paralizzava al punto da sbagliare tutto quello che a casa aveva scritto senza difficoltà. E' stato importante renderla consapevole che, in qualche modo, alcuni sintomi ci fossero: stanchezza, irritabilità, tensione diffusa, vuoti di mente e che questi potessero essere riconducibili all'ansia, quindi la prima fase è stata determinante per poter procedere successivamente negli altri passaggi e arrivare a eseguire scritti corretti a scuola con una maggiore lucidità derivante dall'aver riconosciuto, accettato e canalizzato l'ansia.

Luisa, universitaria, studiava tutto con dovizia, ma agli esami era il vuoto totale e tutto quello che aveva appreso, scompariva. Molto importante è stata la ridistribuzione dell'energia e il convogliamento al cervello, di conseguenza la visualizzazione dei suoi neuroni al lavoro.

CONCLUSIONI

In questo testo si è voluto dapprima affrontare l'ansia per poter introdurre l'ansia da prestazione in generale e l'ansia da prestazione fulcro della tecnica.

L'ansia da prestazione scolastica e sportiva sono state maggiormente approfondite in quanto oggetto della tecnica di trattamento.

L'autrice si occupa da molti anni di gestione dell'ansia e ha potuto sperimentare nelle sue due vesti d'insegnante e allenatrice cosa vuol ansia da prestazione sportiva e scolastica e quali limitazioni esse possano dare.

Il testo vuole essere un approccio alternativo alla gestione dell'ansia da prestazione sportiva e scolastica.

Bibliografia

Alexander F. "*Medicina Psicosomatica*", Editrice Universitaria Firenze, Firenze, 1951

Andrews G., Creamer M., Crino R.,"*Disturbo d'ansia generalizzato. Manuale per chi soffre del disturbo.*", Centro Scientifico Editore, Torino, 2004

Andrews G., "*Trattamento dei disturbi d'ansia. Guide per il clinico e manuali per chi soffre del disturbo*", Centro Scientifico Editore, Torino, 2003

Antonelli F., Salvini A., "*Psicologia dello sport*", Lombardi, Roma, 1977

AAVV, "*Diagnostic and Statistical Manual of Mental Disorders V-TR / DSM-V*",American Psychiatric Association, 2013

Biondi M., Pancheri P., "*Mind and immunity, a review of methodology of human research*", in Fava G.A., Wise T. (eds), "*Research paradigms in psychosomatic Medicine*",Karger, 1987

Biondi M., "*Mente, cervello e sistema immunitario*", McGraw-Hill, 1997
Brugnoli M.P., "*Mental training nello sport*", Red Edizioni, 2008

Cei A., "*Psicologia dello sport*", Il Mulino, Bologna, 1998

Craig J. Calhoun E., "*Robert K. Merton: sociology of science and sociology as science*", Columbia University Press, New York, 2010

Deutsch F., "*Il misterioso salto dalla mente al corpo. Uno studio sulla teoria di conversione*", Martinelli, Firenze, 1975

Gabbard G.O.,"*Psichiatria Psicodinamica*", Raffaello Cortina, Milano, 2011

Guicciardi M., "*Psicologia e sport*", Guerini Scientifica, Milano, 2003

Morelli R., "*Vincere i disagi. Come affrontare ansia, stress e panico*", Riza, Milano, 2014

Kendall P., Di Pietro M., "*Terapia scolastica dell'ansia. Guida per psicologi e insegnanti*", Erikson, Trento, 2003

Pettorossi R, Astori S., Baffigi A., "*Psichiatria. Manuale di apprendimento*", Centro Scientifico Editore, Torino, 2011

Quattrini G.P., "*Fenomenologia dell'esperienza*", Zephiro Edizioni, 2007

Spielberger, C. D., "*State-Trait Anxiety Inventory: Bibliography*" (2nd ed.), Palo Alto, CA: Consulting Psychologists Press, 1989

Spielberger, C. D., Gorsuch, R. L., Lushene, R., Vagg, P. R., & Jacobs, G. A. , " *Manual for the State-Trait Anxiety Inventory*", Palo Alto, CA: Consulting Psychologists Press, 1983

Tamorri S., "*Neuroscienze e sport. Psicologia dello sport*", UTET, Torino, 1999

Made in the USA
Middletown, DE
28 January 2018